Martin-Luther-Universität Halle-Wittenberg SS 2011

Theologische Fakultät

Institut für Praktische Theologie

Proseminar „Einführung in die Liturgiewissenschaft"

Dozent: Dr. Erik Dremel

Proseminararbeit/Hausarbeit

„Die Erweiterungen des Abendmahlteils in der

Liturgie der Neuapostolischen Kirche"

Jörg Anschütz BA 90/90 4.Semester St.Nr. 209205640

Basismodul Systematische Theologie/ Praktische Theologie

Abgabedatum: 30. September 2011

1

Inhaltsverzeichnis

Gliederung

1 Einleitung

Erweiterungen öffnen den Blick. Ein größeres Bild zeigt sich dem Betrachter. Die
Augen schauen nicht mehr nur in eine Richtung. Sie nehmen vielmehr wahr, wandern
hin und her, können sich besser orientieren. Das schafft Sicherheit und damit auch ein
Gefühl von Geborgenheit.

Liturgie strukturiert das Geschehen im Gottesdienst, das Geschehen zwischen Gott und
Mensch. Dieses Geschehen ist immer beidseitig. Erweiterungen in der Liturgie können
den Blick für dieses wechselseitige Geschehen öffnen, besonders während der Feier des
Heiligen Abendmahls in der die Gegenwart von Jesus Christus erlebbar wird.

Die Neuapostolische Kirche hat mit Beginn des neuen Kirchenjahres zum 1. Advent
2010 weltweit in ihren Gottesdiensten eine erweiterte Liturgie eingeführt.

„Durch die neue Liturgie soll vor allem die Heiligkeit der Feier des Heiligen
Abendmahles betont werden."[1]

Hier soll nun der Frage nachgegangen werden, ob diese Erweiterungen, den Blick auf
das Geschehen zwischen Gott und Mensch während des Gottesdienstes insgesamt und
während der Feier des Heiligen Abendmahles im Besonderen öffnen können und damit
dem Wunsch nach mehr Heiligkeit gerecht werden.

Dazu werden in einem ersten Teil diese Erweiterungen dargestellt und unter dieser
Fragestellung beleuchtet. Im zweiten Teil wird anhand zur Verfügung stehender Quellen
die Entwicklung der Liturgie der letzten knapp achtzig Jahre in den Gottesdiensten der
Neuapostolischen Kirche nachgezeichnet, um zu schauen, inwiefern hier dem Aspekt
der Heiligkeit Rechnung getragen wurde. In einem dritten Teil wird kurz darauf
eingegangen, wie die erweiterte Liturgie kommuniziert worden ist. Abschließend wird
dann versucht, die gewonnenen Erkenntnisse zusammenzufassen.

Damit soll gleichzeitig ein Beitrag geleistet werden, den Blick innerhalb der Kirche Jesu
Christi zu weiten, in der auch die Neuapostolische Kirche ihren Platz hat.

---

[1] Zitiert aus: Verlag Friedrich Bischoff GmbH (Hsg. i.A.d. Neuapostolischen Kirche International,
Zürich): Unsere Familie Die Zeitschrift der Neuapostolischen Kirche Nr. 21 / 5.November 2010 / D
20020 D, S. 34.

2 Bearbeitung des Themas

2.1 Abendmahlteil seit Advent 2010[2]

Hier soll nun zunächst die seit dem 1. Advent 2010 weltweit in der Neuapostolischen Kirche gültige Form der Liturgie dargestellt werden, welche den Abendmahlteil in ihrer Mitte hat:

„I. Gottesdienstbeginn

Eingangslied, Trinitarischer Eingang, Eingangsgebet, Verlesen des Bibelwortes, Chor- oder Gemeindegesang, Bibellesung (an Festtagen)

II. Predigtteil

Predigt, musikalischer Beitrag, Predigtzugaben

III. Sakramentsteil

Vorbereitung auf Sündenvergebung oder Heiliges Abendmahl, Bußlied, „Unser Vater", Freisprache, Opfergebet, weitere Sakramente und Handlungen, Abdecken der Abendmahlskelche, Aussonderung (Konsekration) der Hostien zum Heiligen Abendmahl, Darreichung an Amtsträger, Bekanntgabe der musikalischen Beiträge zur Feier des Heiligen Abendmahls, Spendung des Heiligen Abendmahls, Zudecken der Abendmahlskelche

IV. Weitere Handlungen

Ordinationen oder weitere Segenshandlungen (z. B. Hochzeiten, Ehejubiläen)

V. Gottesdienstabschluss

Schlussgebet, Schlusssegen, abschließender Musikbeitrag"[3]

Die Feier des Gottesdienstes ist in fünf Abschnitte gegliedert. Im Sakramentsteil wird der Abendmahlteil liturgisch festgehalten.

---

[2] Vgl. Webseite von NAK International: http://www.nak.org/de/news/nak-international/article/16979/ (gelesen am 29.08. 2011, 11.25 Uhr).
[3] Zitiert aus: Webseite von NAK International: http://www.nak.org/de/news/nak-

Folgende neue oder erweiterte Liturgieelemente werden benannt:

„Bibellesung an christlichen Hochfesten, Bußlied vor der Feier des Heiligen Abendmahls, Abdecken und Zudecken der Kelche als separater, wahrnehmbarer Akt, angereicherte Aussonderungsformel, dazwischen jeweils Momente der Stille."[4]

Entlang der einzelnen liturgischen Elemente stellen sich Erneuerungen und Erweiterungen im Detail folgendermaßen dar:[5]

Nach dem Gesang des Eingangsliedes durch die stehende Gemeinde erfolgt durch den Dienstleiter der Trinitarische Eingang: „In dem Namen Gottes, des Vaters, des Sohnes und des Heiligen Geistes." „ Dieser trinitarische Eingang ist nicht als Beginn des Eingangsgebets zu verstehen, sondern als wichtige eigenständige Handlung in der Liturgie. Sie wird künftig durch eine kurze Sprechpause vom folgenden Eingangsgebet abgetrennt."[6] Nach dem Gebet verliest der Dienstleiter das Bibelwort, welches weltweit einheitlich in den „Leitgedanken zum Gottesdienst"[7] der Monatsschrift für Amtsträger von NAK International durch seinen Leiter den Stammapostel herausgegeben wird. Dieses dient zusammen mit den formulierten Schwerpunkten in den Leitgedanken als Predigtgrundlage. Vor dem Predigtteil erfolgt ein Musikbeitrag von Chor oder Gemeinde. Der Predigtteil hat die Gestalt einer freien Rede, bewirkt durch entsprechend notwendige Sammlung und Vorbereitung und inspiriert durch den Heiligen Geist. An christlichen Hochfesten ist zuvor noch eine Bibellesung vorgesehen. Dieses neue liturgische Element soll dem besseren Verständnis des jeweiligen Festes dienen und der Bibel als Glaubens- und Verkündigungsgrundlage entsprechendes Bewusstsein beim Gottesdienstteilnehmer verleihen. „Die Bibellesung ist nicht mit der Verlesung des

---

    international/article/16979/ (gelesen am 29.08. 2011, 11.25 Uhr).

[4] Zitiert aus: Webseite von NAK International: ebd.

[5] Vgl. Verlag Friedrich Bischoff GmbH (Hsg. i.A.d. Neuapostolischen Kirche International, Zürich): Unsere Familie Die Zeitschrift der Neuapostolischen Kirche Nr. 21 / 5.November 2010 / D 20020 D, S. 34-37.

[6] Zitiert aus: Verlag Friedrich Bischoff GmbH (Hsg. i.A.d. Neuapostolischen Kirche International, Zürich): Unsere Familie Die Zeitschrift der Neuapostolischen Kirche Nr. 21 / 5.November 2010 / D 20020 D, S. 34.

[7] Vgl. Neuapostolische Kirche International, Wilhelm Leber, Zürich/Schweiz (Hsg.): Leitgedanken zum Gottesdienst. Monatsschrift für Amtsträger. Verlag Friedrich Bischoff GmbH. Frankfurt am Main. Ausgabe September 2011.

Bibelwortes zur Predigt identisch."[8] Als Zeitrahmen für die Predigt sind 20-25 Minuten vorgesehen. Weitere Predigtzugaben von Amtsträgern sind möglich und erwünscht, sollen aber jeweils 5 Minuten nicht überschreiten. Dazwischen finden musikalische Beiträge Platz. Hiermit soll der Vielfalt der Möglichkeiten innerhalb der Gemeinde Raum gegeben werden und vorhandene Potentiale erkannt, ausgeschöpft und gefördert werden.

An dieser Stelle nun ein besonderer Blick auf die Erneuerungen und Erweiterungen im Abendmahlteil, hier im Sakramentsteil zu finden.
„Durch die neue Liturgie soll vor allem die Heiligkeit der Feier des Heiligen Abendmahles betont werden."[9] Damit wird der Zweck dieser neuen Liturgie bereits beschrieben, welcher durch Erweiterungen erreicht werden soll. Deshalb fällt auch immer wieder der Begriff Erweiterte Liturgie. Nach den hinführenden und vorbereitenden Worten des Dienstleiters auf die Sündenvergebung oder das Heilige Abendmahl, gibt es ein neues liturgisches Element im Gottesdienstablauf, das Singen eines Bußliedes durch die Gemeinde, „das Ausdruck des gemeinsamen Sündenbekenntnisses vor Gott und voreinander ist. Es sollte vorzugsweise die Gemeinde singen, damit sie sich mit dem Text des Bußliedes verbindet und jeder Gottesdienstteilnehmer aktiv beteiligt ist."[10] Hier wird besonders Wert auf eine aktive Beteiligung aller Anwesenden gelegt, durch innere Sammlung und gemeinsames Bekenntnis. Es fällt auf, das der Dienstleiter zuvor auf die Sündenvergebung oder das Heilige Abendmahl vorbereitend eingehen soll. Damit soll auch verdeutlicht und verinnerlicht werden, dass es sich hier um zwei unabhängige liturgische Elemente handelt, die aufeinander folgen, aber nicht miteinander zu einer Handlung verschmelzen. So wird auch jedes weitere einzelne Element ganz bewusst betont und damit deutlich gemacht. So kann es gelingen, ein Gefühl von Heiligkeit bei den Beteiligten zu erzeugen. Nach dem Bußlied lädt der Dienstleiter zum gemeinsamen Sprechen des „Unser Vater" ein. Dies geschieht dann im Stehen, während das Bußlied auch im Sitzen gesungen werden kann. Hier zeigen sich auch Handlungsspielräume

---

[8] Zitiert aus: Unsere Familie: ebd., S. 36.
[9] Zitiert aus: Unsere Familie: ebd., S. 34.
[10] Zitiert aus: Unsere Familie: ebd., S. 35.

innerhalb der weltweit gültigen Liturgie. So gibt es Gemeinden, die lieber stehen als sitzen wollen, um das Bußlied zu singen. Diskussionen darüber, bis in die kirchliche Leitungsebene hinein machen dies deutlich. Dahingegen sind die liturgischen Formeln verbindlich und vom Wortlaut nicht zu verändern. Das „Unser Vater" wird in dem Wortlaut nach Matthäus 6,9-13 der Lutherübersetzung in der Fassung von 1984 gebetet, die der des Vaterunser entspricht. Dann folgt die Freisprache/Absolution. „ Im Auftrag meines Senders, des Apostels, verkündige ich euch die frohe Botschaft: In dem Namen unseres Herrn Jesus Christus, Sohn des lebendigen Gottes, sind euch die Sünden vergeben. Der Friede des Auferstandenen sei mit euch! Amen."[11] Mit dieser Formulierung durch das priesterliche Amt wird zum Ausdruck gebracht, „dass es zur Verkündigung (Proklamation) der Sündenvergebung vom Apostelamt beauftragt ist."[12] Allerdings kann diese Formulierung auch missverstanden werden, in der Art, dass die Gesandten, sprich die Apostel und ihre Mitarbeiter mit dem Sender, dass heißt mit Jesus Christus identifiziert werden. Die Freisprache empfängt die Gemeinde im Stehen mit geöffneten Augen. Hierbei handelt es sich nicht um ein Gebet. Bei allen Gebeten wird gestanden und schließen Amtsträger und versammelte Gemeinde ihre Augen.[13] So auch beim nun folgenden Opfergebet angefüllt mit Lob und Dank für das Opfer Jesu Christi, in Erinnerung an sein Leiden und Sterben. „Zugleich soll es auch daran erinnern, dass Jesus Christus das Sakrament des Heiligen Abendmahls eingesetzt und seine Jünger, die Apostel, dazu berufen hat, das Evangelium in alle Welt hinauszutragen. Wir danken für die Sendung der Apostel in Vergangenheit und Gegenwart."[14] Hier wird neben Lob und Dank für das Opfer Jesu auch Lob und Dank für die Sendung seiner Apostel bekundet. Darum sollte es eher Opfer- und Sendungsgebet heißen oder Lob- und Dankgebet für Opfer und Sendung. Nach diesem Gebet können nun die drei Sakramente Heilige Wassertaufe, Heilige Versiegelung, Heiliges Abendmahl gespendet und die Handlungen Aufnahme und Konfirmation vollzogen werden. „Durch die Sündenvergebung ist jene Heiligung geschehen, die für die Hinnahme der Sakramente und dieser Handlungen

---

[11] Zitiert aus: Unsere Familie: ebd., S. 35.

[12] Zitiert aus: Unsere Familie: ebd., S. 35.

[13] Vgl. Neuapostolische Kirche International, Wilhelm Leber, Zürich/Schweiz (Hsg.):Liturgie der Gottesdienste der Neuapostolischen Kirche. Verlag Friedrich Bischoff GmbH. 1.Auflage 2010. S.6,18.

[14] Zitiert aus: Neuapostolische Kirche International, Wilhelm Leber, Zürich/Schweiz (Hsg.):Liturgie der Gottesdienste der Neuapostolischen Kirche. Verlag Friedrich Bischoff. 1.Auflage 2010. S.19.

notwendig ist."[15] Das Heilige Abendmahl wird eingeleitet mit den einladenden Worten:
„Nun feiern wir das Heilige Abendmahl."[16] Die nun zu vollziehenden liturgischen
Elemente sind eingebettet in Augenblicke der Stille und des bewussten Erlebens der
stehenden Gemeinde. Liturgisch neu ist das sichtbare, wahrnehmbare Abdecken der
Abendmahlskelche durch die Amtsträger, vorzugsweise nicht durch den Dienstleiter.
Jetzt liegen die Elemente offen auf dem Altar vor Gott und einer geheiligten Gemeinde.
„Jetzt ist der Tisch des Herrn bereitet."[17] Augenblicke, die dem Wunsch nach mehr
Heiligkeit durchaus gerecht werden. Jetzt erfolgt die Konsekration der Elemente Brot
und Wein, die in den Hostien enthalten sind, mit der ältesten bekannten
Aussonderungsformel aus 1.Korinther11,24-26 mit folgendem Wortlaut: „In dem
Namen Gottes, des Vaters, des Sohnes und des Heiligen Geistes sondere ich aus Brot
und Wein zur Feier des Heiligen Abendmahles und lege darauf das einmal gebrachte,
ewig gültige Opfer Jesu Christi. Denn der Herr nahm Brot und Wein, dankte und sprach:
Das ist mein Leib, der für euch gegeben wird. Das ist mein Blut des neuen Bundes, das
vergossen wird für viele zur Vergebung der Sünden. Esst und trinkt ! Das tut zu meinem
Gedächtnis. Denn sooft ihr von diesem Brot esst und von diesem Wein trinkt,
verkündigt ihr den Tod des Herrn, bis er wiederkommt. Amen!"[18] Durch die
Aussonderung von Brot und Wein werden Leib und Blut Christi gegenwärtig. Das
Heilige Abendmahl ist Gedächtnismahl, Gemeinschaftsmahl, Bekenntnismahl und
Eschatologisches Mahl. Zum Abendmahlsverständnis der Neuapostolischen Kirche gibt
es unter Punkt 2.3 nähere Ausführungen. Nun erfolgt die Darreichung der Hostie an
Dienstleiter und Amtsträger. „Das die Amtsträger das Heilige Abendmahl nehmen,
bevor es die Gemeinde erhält, ist Ausdruck der Präsenz des Apostels durch die von ihm
beauftragten Amtsträger. Es wird die heilsvermittelnde Funktion des Amtskörpers
deutlich."[19]Hier wird neben der Gegenwart Christi auch die Präsenz des Apostels
betont. Beides sollte nicht auf gleicher Ebene geschehen. Sender und Gesandter sind
nicht identisch. Dieses liturgische Element kann musikalisch untermalt werden. Jetzt
setzt sich die Gemeinde. Der musikalische Beitrag während der Darreichung der

---

[15] Zitiert aus: Unsere Familie: ebd., S. 36.
[16] Zitiert aus: Liturgie der Gottesdienste der Neuapostolischen Kirche: ebd., S. 20.
[17] Vgl. Liturgie der Gottesdienste der Neuapostolischen Kirche: ebd., S. 20.
[18] Zitiert aus: Unsere Familie: ebd., S. 35f.
[19] Zitiert aus: Liturgie der Gottesdienste der Neuapostolischen Kirche: ebd., S. 23.

Hostien an die Gemeinde wird bekannt gegeben. Dies können Gemeindegesang, Chorgesang, Orgelspiel, sowie instrumental vorgetragene Stücke sein. Sobald Stille und Erwartung innerhalb der Gemeinde eingetreten sind, erfolgt die Einladung: „Nun lädt der Herr zum Heiligen Abendmahl."[20] Sind außer den neuapostolischen Gemeindemitgliedern Gäste und Besucher anwesend, können weiterführend folgende Worte gewählt werden: „Eingeladen sind alle Getauften, die sich zu Jesus Christus als dem Herrn, zu seinem Tod , seiner Auferstehung und seiner Wiederkunft bekennen."[21] In diese erwartende Stimmung hinein, reicht der Dienstleiter die Abendmahlskelche an die die Hostien darreichenden priesterlichen Amtsträger aus, dann beginnt die musikalische Untermalung und die Darreichung der geweihten Hostie an die Gottesdienstteilnehmer, die hierzu langsam und erwartungsvoll der Reihe nach an den Altar treten, um die Hostie zu empfangen, mit den Worten: „Der Leib und das Blut Jesu für dich gegeben."[22] „Durch die Art und Weise der Darreichung soll die Gegenwart unseres Heilands Jesus Christus unterstrichen werden. Die Hostie soll deshalb bewusst und akzentuiert dargereicht werden. Das Heilige Abendmahl soll höchst feierlich verlaufen. Die Darreichung von Leib und Blut Christi darf nie unter Zeitdruck erfolgen. Bei der Spendung des Heiligen Abendmahls muss alles vermieden werden, was den Empfangenden in seiner Andacht stören könnte oder der Heiligkeit des Sakraments widerspricht."[23] An dieser Stelle wird auf die Notwendigkeit eines durch einen Amtsträger besetzten Altars hingewiesen, um auch hier „die personale Präsenz des Apostels"[24] sichtbar zu machen. Auffällig ist, dass Jesus Christus als gegenwärtig benannt wird, der Begriff der personalen Präsenz aber für den Apostel Verwendung findet. Sobald der Letzte das Heilige Abendmahl empfangen und die Hostie zu sich genommen hat, ist die Spendung dieses Sakraments beendet. „Dauerhaft teilnahmeberechtigt sind Versiegelte, Aufgenommene und neuapostolisch Getaufte. Gastweise können rite (mit Wasser und trinitarisch) Getaufte zugelassen werden. Ungetaufte haben keinen Zugang zum Heiligen Abendmahl. Es soll jedoch niemand an

---

[20] Zitiert aus: Liturgie der Gottesdienste der Neuapostolischen Kirche: ebd., S. 24.
[21] Zitiert aus: ebd., S. 25.
[22] Zitiert aus: ebd., S. 26.
[23] Zitiert aus: ebd., S. 26.
[24] Zitiert aus: ebd., S. 26.

der Teilnahme gehindert werden."[25] Nachdem alle Teilnehmer wieder Platz genommen, die Abendmahlskelche wieder auf dem Altar abgestellt und der letzte dieses liturgische Element begleitende Ton verklungen ist, werden in diesen Moment erneuter Stille, die Kelche in einem sichtbar, wahrnehmbaren Akt zugedeckt, ebenso, wie sie aufgedeckt worden waren. Eine Besonderheit bildet die Feier des Heiligen Abendmahls für Entschlafene. Hierzu bleiben die Kelche auf dem Altar noch geöffnet. Stammapostel, Bezirksapostel oder dazu beauftragter Apostel führen dieses Sakrament und ggf. auch die anderen Sakramente für Entschlafene durch. Diese Handlungen können musikalisch feierlich umrahmt werden. Hierzu steht die Gemeinde. Danach werden die Kelche geschlossen. Zur Abendmahlspraxis für Entschlafene erfolgen weitere Ausführungen unter 2.2. An dieser Stelle ist der Sakramentsteil beendet. Es bleibt festzuhalten, dass er bis in kleinste Detail durchdacht und liturgisch festgehalten wurde. Besondere Momente von Stille und Heiligkeit finden ganz bewusst betont Raum, indem sich Gott und Mensch begegnen können.

Die letzten beiden Abschnitte des Gottesdienstes gelten weiteren Handlungen, wie Ordinationen und Segenshandlungen zu Hochzeiten und Ehejubiläen und dem Abschluss des Gottesdienstes mit Schlussgebet und Schlusssegen mit Segensgestus und Gesang des dreifachen Amen, bevor der Dienstleiter die Bibel schließt. Mit abschließendem Gesang oder Musikbeitrag wird die Gemeinde entlassen und der Gottesdienst ist beendet. Der Schlusssegen wird mit ausgebreiteten Armen gespendet und lautet: „Die Gnade unseres Herrn Jesus Christus und die Liebe Gottes und die Gemeinschaft des Heiligen Geistes sei mit euch allen! Amen." (2Kor 13,13)[26]

„Der Gottesdienst ist eine vorweggenommene Erfahrung der zukünftigen Gemeinschaft mit dem dreieinigen Gott, zu der wir durch die Wiedergeburt berufen sind, und ist Mittelpunkt des gemeindlichen Lebens. Die Liturgie gestaltet seinen Ablauf verbindlich vom Eingangslied bis zum Schlusslied. Die gottesdienstliche Ordnung soll Beliebigkeit in der Durchführung der Gottesdienste vermeiden und damit die Einheit der Kirche stärken und bewusst machen sowie die immer gleiche, unwandelbare Treue des Herrn

---

[25] Zitiert aus: ebd., S. 24.
[26] Vgl. Unsere Familie: ebd., S.37.

vor Augen führen."[27]

2.2 Entwicklungen und Quellen

Die Entwicklungen des Abendmahlteils in der Liturgie der Neuapostolischen Kirche lassen sich unter Zuhilfenahme der Richtlinien für Amtsträger nachvollziehen. Diese dienen hier als Quellen. Drei Quellen lassen sich finden.

Erstens: „Richtlinien über die Amtshandlungen der Amtsträger der Neuapostolischen Kirche. 1933. Herausgegeben vom Apostelkollegium der Neuapostolischen Gemeinden. (Alle Rechte vorbehalten. Nachdruck verboten.)"[28]
Zweitens: „Richtlinien für die Amtsträger der Neuapostolischen Kirche. Ausgabe 1963. Herausgeber: Apostelkollegium der Neuapostolischen Kirche"[29]
Drittens: „Richtlinien für die Amtsträger der Neuapostolischen Kirche. Herausgeber: Neuapostolische Kirche International, Zürich."[30]

Unter dem jeweiligen Kapitel „Der Gottesdienst" finden sich Aussagen zum Abendmahlteil und seinem Platz in der Liturgie in der Neuapostolischen Kirche. Rein äußerlich ist auffällig, dass den Amtsträgern alle dreißig Jahre verbindlich gültige Richtlinien an die Hand gegeben worden sind, dass dies zunächst Richtlinien über die Amtshandlungen der Amtsträger, dann Richtlinien für Amtsträger herausgegeben vom Apostelkollegium und dann von der Neuapostolischen Kirche International mit Sitz in Zürich waren und sind. Die aktuelle Ausgabe von 1993 ist bis heute gültig, geändert in den Verbindlichkeiten mit der Ausgabe von Neuapostolische Kirche International, Wilhelm Leber, Zürich/Schweiz (Hsg.):Liturgie der Gottesdienste der Neuapostolischen Kirche. Verlag Friedrich Bischoff. 1.Auflage 2010. Weitere Erweiterungen, Ergänzungen und Änderungen wurden und werden mithilfe von „Sonderausgaben der

---

[27] Zitiert aus: Unsere Familie: ebd., S.37.
[28] Vgl. Apostelkollegium der Neuapostolischen Kirche (Hsg.): Richtlinien über die Amtshandlungen der Amtsträger der Neuapostolischen Kirche. 1933. S. 6-25.
[29] Vgl. Apostelkollegium der Neuapostolischen Kirche (Hsg.): Richtlinien für die Amtsträger der Neuapostolischen Kirche. Ausgabe 1963. S. 13-30.
[30] Vgl. Neuapostolische Kirche International, Zürich (Hsg.): Richtlinien für die Amtsträger der Neuapostolischen Kirche. Verlag Friedrich Bischoff GmbH. Frankfurt am Main. Ausgabe 1993. S. 35-52.

Leitgedanken zum Gottesdienst"[31] kommuniziert, solange bis der Katechismus der Neuapostolischen Kirche erscheint, was voraussichtlich 2012 der Fall sein wird. Dazu weitere Ausführungen unter 2.3.

Hier nun zu den Entwicklungen des Abendmahlteils anhand der drei Quellen.

Die Richtlinien von 1933 unterstreichen zunächst jeden Gottesdienst als heilige Handlung in der Art, „dass weniger wir Gott dienen, als dass Gott in seiner Gnade uns bedient."[32] Im Bewusstsein der Gegenwart Gottes soll alles in Stille und Ehrfurcht geschehen. Besonders das Hören seines Wortes in der Predigt, „worin der Herr durch seinen Knecht, der im Auftrage des Apostels dient, zur Gemeinde redet und die für das geistliche Leben nötige Nahrung bietet."[33] Dies geschieht nach entsprechender Vorbereitung in freier Rede. „Auf alle Fälle kann keine Vorbereitung in Frage kommen, bei welcher nach gewissen Festlegungen stilgerechte Ausführungen vorbereitet werden. Die segensreichste Vorbereitung ist im wesentlichen in der geistlichen Verfassung der Amtsträger bedingt."[34] „Der Herr hat einst seinen Aposteln die Verheißung gegeben, dass ihnen zur Zeit und Stunde gegeben werde, was sie reden sollen (Matthäus 10,19; Lukas 12, 11.12). Diese Verheißung gilt auch den von dem Apostel eingesetzten und in seinem Auftrage handelnden Amtsträgern."[35] Zur Vorbereitung dienen die Ausführungen des Stammapostels in den Amtsblättern für die Gottesdienste „und stehen sie dann im Dienen unter der Führung des Heiligen Geistes, so wird dieser an das von den vorhandenen Schätzen im Geistesleben der dienenden Amtsträger erinnern, was der Gemeinde dienlich und zu geben nötig ist."[36] So bedient Gott die Gemeinde. „Auf diese Weise kann der Herr geben, dass sein Volk die vornehmste Bedienung und Pflege, die herrlichste Erbauung und Erquickung, die weitestgehende Erlösung und Heiligung

---

[31] Vgl. Neuapostolische Kirche International, Wilhelm Leber, Zürich/Schweiz (Hsg.): Sonderausgabe 3. Leitgedanken zum Gottesdienst. Mitteilungen für Amtsträger der Neuapostolischen Kirche August 2011. Verlag Friedrich Bischoff GmbH. Frankfurt am Main.

[32] Zitiert aus: Apostelkollegium der Neuapostolischen Kirche (Hsg.): Richtlinien über die Amtshandlungen der Amtsträger der Neuapostolischen Kirche. 1933. S. 7.

[33] Zitiert aus: Richtlinien. 1933. S. 10.

[34] Zitiert aus: ebd., S.10.

[35] Zitiert aus: ebd., S.11.

[36] Zitiert aus: ebd., S.13.

hinnehmen kann."[37] „Damit wird der Zweck der Gottesdienste Gott zur Ehre und den
Seelen zur Hilfe erfüllt."[38] Bemerkenswert ist, dass es viele praktische Hinweise zur
Gestaltung der Predigt gibt, wie den Umgang mit der Gemeinde, das Verwenden von
Gleichnissen, von aktuellen Begebenheiten und Geschichten, der Respekt gegenüber
jedermann, der Umgang mit Andersgläubigen, das Vermeiden von politischen
Äußerungen (wir befinden uns im Jahr 1933), den Hinweis auf die Notwendigkeit eines
weiteren Predigtanteils durch Amtsträger aus der Gemeinde, zur Wahrung der Vielfalt
der Gaben, Hinweise zu Mimik, Gestik, Aussprache und Länge des Predigtteils.[39]
Hieran zeigt sich, dass das Gewicht des Gottesdienstes auf der Predigt liegt. Zeitlich
sind dafür zwei Drittel bis drei Viertel der Zeit eingeräumt, d.h. am Sonntag Vormittag
60 von 90 Minuten und in der Woche, wie beispielsweise Mittwoch Abend, 45 von 60
Minuten. Wenn noch berücksichtigt wird, dass in der Woche kein Abendmahlteil
enthalten ist, so sind dann dafür am Sonntag 15 Minuten an Zeit zur Verfügung. Die
verbleibenden 15 Minuten werden mit Gemeinde- und Chorgesang ausgefüllt.
Zum Abendmahlteil in der Liturgie anhand der Richtlinien von 1933. „Die Predigt wirkt
immer, wenn sie rechter Art war, nicht nur tröstend, erbauend, Erkenntnis fördernd auf
die Gemeinde, sondern auch erleuchtend und reinigend, indem sie vorhandene Sünden,
sündliche Neigungen und allerlei Mängel im Geistesleben aufdeckt."[40] Diese
Sündenerkenntnis weckt das Verlangen nach Gnade und Erlösung. Sonntags wird dies
im Anschluss an die Predigt durch das „Unservater (genauer Text: Matthäus 6,9-13)"[41]
von der Gemeinde zum Ausdruck gebracht. Dann erfolgt die Lossprechung oder
Sündenvergebung mit den Worten: „Im Auftrage meines Senders verkündige ich euch
die frohe Botschaft: Im Namen Jesu Christi sind euch eure Sünden vergeben und der
Friede des Auferstandenen sei mit euch." Mit Sender ist hier der Apostel gemeint, in
dessen Auftrag der Amtsträger handelt, und der allein vom Herrn die Vollmacht erteilt
bekommen hat (Johannes 20,23; Matthäus 16,19; 18,18)[42] Im anschließenden Gebet
werden Lob, Dank, Bitte und Fürbitte vor Gott gebracht. Neben dem Unservater ein
weiteres Gebet, indem sich die Gemeinde an Gott wendet. „Die begnadigte Gemeinde

---

[37] Zitiert aus: ebd., S.13.
[38] Zitiert aus: ebd., S.14.
[39] Vgl. ebd., S. 14-19.
[40] Zitiert aus: ebd., S.19.
[41] Vgl. ebd., S.19.

wird nun mit der Feier des heiligen Abendmahls auf die Höhe des Gottesdienstes geführt."[43] Es wird auf die Gefahr der Gewohnheit aufgrund der Regelmäßigkeit und damit Oberflächlichkeit hingewiesen, sowie auf die Verantwortung des Dienstleitenden die Gemeinde auf die würdige Hinnahme vorzubereiten und hinzuweisen.[44] Dann erfolgt die Aussonderung der Kreaturen in Brot und Wein mit den Worten: „Ich sondere die Kreaturen aus zum heiligen Dienst und lege dazu das einmal gebrachte, vollgültige Opfer Jesu unter den Worten: Kommt und genießt; das ist mein Leib, für euch gebrochen und in den Tod gegeben, mein Blut, für euch vergossen zur Vergebung der Sünden. Und sooft ihr dasselbe genießt, tut es zu meinem Gedächtnis."[45] Hier fällt auf, dass diese Worte dem Sinne nach gewählt werden können, ebenso auch die Worte der Lossprechung. Hier gibt es noch keine feste liturgische Formel. Dahingegen ist der Zuspruch an den Empfangenden klar formuliert: „Der Leib und das Blut Jesu für dich gegeben."[46] Die Austeilung darf nur durch die priesterlichen Ämter erfolgen, nicht durch die Diakone. „Wenn der Apostel zugegen ist, gedenkt derselbe meistens noch in besonderer Weise der Heimgegangenen, indem er denselben das heilige Mahl reicht."[47] Hiermit ist das besondere Gedenken der Entschlafenen gemeint und ein Hinweis gegeben auf den praktischen Vollzug des neuapostolischen Entschlafenenwesens zu diesem Zeitpunkt. Auch lässt sich ein Hinweis finden, welche Bedeutung den priesterlichen Amtsträgern am heiligen Abendmahl beigemessen wird. „Es ist notwendig, dass (...) alle priesterlichen Ämter das Mahl genießen, weil sie in ihrer Gesamtheit die Versöhnungstat bewirken (...) Sie stellen also in diesem Falle den sichtbaren Altar dar, auf welchem die Versöhnungstat Christi liegt."[48] Dies verleiht dem priesterlichen Dienst am Altar ein besonderes Gewicht. Während Apostel, Bischöfe, Älteste das heilige Abendmahl mit allen Amtsträgern feiern, als „ein sichtbares Zeichen der Versöhnung und des Friedens."[49] Zu diesem Zeitpunkt wird noch keine personale Präsenz des Apostels formuliert. Bemerkenswert ist auch, dass an Gottesdiensten mit Abendmahl dieser seinen Abschluss mit dem aronitischen Segen findet, während der

---

[42] Vgl. ebd., S.20.

[43] Zitiert aus: ebd., S.21.

[44] Vgl. ebd., S.21.

[45] Zitiert aus: ebd., S.22.

[46] Vgl. ebd., S.20,22.

[47] Zitiert aus: ebd., S.23.

[48] Zitiert aus: ebd., S.23.

ohne Abendmahl mit dem Segen aus 2.Kor 13,13 beendet wird. Interessant, auch
Diakone können Gottesdienste ohne Sündenvergebung und Abendmahl feiern.
Allerdings dürfen in diesen Diensten „keine Weissagungen gebracht werden."[50] Auch
hierin zeigt sich eine breitere Entfaltung von Gaben und Aufgaben auf Priester, Diakone
und Propheten, neben dem Apostel.

Wie sieht es dreißig Jahre später aus ? An der Liturgie des Gottesdienstes hat sich in den
meisten Punkten nichts geändert. Allerdings ist die gesamte Liturgie weiter
ausdifferenziert worden und es gibt kleine aber wichtige Details, die sich geändert bzw.
eine neue Gewichtung bekommen haben. Diese werden hier benannt.
Die Gegenwart Gottes wird betont. „Deshalb muss auch der Altar schon vor Öffnung
der Kirchentüren (mindestens eine halbe Stunde vor Dienstbeginn) hergerichtet und
bereit sein."[51] Stille und Ehrfurcht kehren ein. Sie sind von den Diakonen zu
gewährleisten. „Sie müssen auch vermeiden, dass sich die Geschwister beim
Opfereinlegen beobachtet fühlen."[52] Das Gewicht liegt auf der Predigt in freier Rede,
ohne diese zuvor schriftlich festgehalten zu haben, „doch ist eine abgeschiedene, stille
Sammlung erforderlich.[53] „Ist der Herr in seinem Geist mächtig in ihnen, so können sie
mit größten Erfolgen ihres Auftrags walten. Darum dürfen auch weder Amtsblatt noch
sonstige Notizen als Hilfsmittel für die Predigt auf den Altar gelegt werden."[54] Das
Amtsblatt des Stammapostels dient allein der notwendigen Vorbereitung. Im
Gottesdienst wirkt der Heilige Geist, Gott zur Ehre und den Seelen zur Hilfe.[55] Es gibt
auch hier wieder die zahlreichen praktischen Hinweise. Weiterhin wird betont, dass die
Neuapostolische Kirche keine Politik treibt, über den Parteien steht, jedermann
freundlich gesinnt ist und Andersgläubige mit Respekt behandelt. An den
Gottesdienstzeiten und der zeitlichen Struktur hat sich nichts geändert. „Es ist
selbstverständlich, dass der Dienstleitende in jedem Gottesdienst einen oder zwei

---

[49] Vgl. ebd. S.23.
[50] Vgl. ebd.,S.24.
[51] Zitiert aus: Apostelkollegium der Neuapostolischen Kirche (Hsg.): Richtlinien für die Amtsträger der
    Neuapostolischen Kirche. Ausgabe 1963. S. 13.
[52] Zitiert aus: Richtlinien. 1963. S. 14.
[53] Zitiert aus: ebd., S.16.
[54] Zitiert aus: ebd., S.17.
[55] Vgl. ebd., S. 18f.

Amtsbrüder mitdienen lässt.“[56] Die Predigt bewirkt das Verlangen nach Gnade und
Erlösung. Dieses wird nach der Predigt durch das Gebet des „Unser Vater“ durch die
Gemeinde zum Ausdruck gebracht. Freisprache oder Sündenvergebung mit der
Spendung des Friedens soll im Sinne folgender Worte geschehen: „Im Auftrage meines
Senders und Apostels verkündige ich euch die frohe Botschaft: In dem Namen unseres
Herrn Jesu Christi sind euch die Sünden vergeben, und der Friede des Auferstandenen
sei mit euch. Amen.“ Dies soll im Bewusstsein der alleinigen Vollmacht des Herrn an
seine Apostel geschehen, in der innigen Verbindung mit seinem Sender, seinem Apostel,
von dem er Amt und Auftrag empfangen hat, „denn der Apostel ist es, der für das ihm
anvertraute Bereich die Vergebung bewirkt.“[57] In diesem Detail der Liturgie ist die
Verschiebung des Gewichts von Jesus in Richtung Apostel noch deutlicher formuliert
als in den Richtlinien von 1933. Nach Lob, Dank, Bitte und Fürbitte durch Gebet erfolgt
die Hinführung, unter Hinweis auf entsprechenden, nicht gewohnheitsmäßigen und
oberflächlichen Genuss, zum gottesdienstlichen Höhepunkt, der Feier des heiligen
Abendmahls. Diese wird eingeleitet durch die Aussonderung von Brot und Wein, mit
der Bitte, „dass durch die Wirkung des Heiligen Geistes Brot und Wein für die
Gotteskinder zum Leib und Blut des Herrn werden.“[58] „Zur Aussonderung können dem
Sinne nach folgende Worte gewählt werden: ‚Nun sondere ich aus Brot und Wein zum
heiligen Abendmahlsdienst und lege auf das Dargebrachte das einmal gebrachte und
ewig gültige Opfer Jesu Christi mit den Worten: Das ist mein Leib, für euch gebrochen
und in den Tod gegeben, mein Blut, für euch vergossen zur Vergebung der Sünden.
Sooft ihr davon genießt, tut es zu meinem Gedächtnis. Amen.‘“[59] Wie in den Richtlinien
von 1933 gibt es auch hier keine verbindliche Aussonderungsformel. So sind die
verwendeten Worte deutlich anders gewählt als 1933, ergeben aber sinngemäß keine
Änderungen. Die Darreichungsworte sind unverändert. Auch ist die Priesterschaft
unverändert in ihrer Gesamtheit der sichtbare Altar, „auf welchem die Versöhnungstat
Christi liegt.“[60] Die Entlassung aus dem Gottesdienst erfolgt jetzt immer mit dem
Segenswunsch aus 2.Kor 13,13. Der aronitische Segen findet hier keine Verwendung

---

[56] Zitiert aus: ebd. S. 23.
[57] Vgl. ebd. S. 24f.
[58] Zitiert aus: ebd., S. 26.
[59] Zitiert aus: ebd., S. 26.
[60] Zitiert aus: ebd., S. 28.

mehr. Diakone können Gottesdienste ohne Sündenvergebung und Abendmahl durchführen. Auf Weissagungen durch Propheten gibt es keine Hinweise mehr. Dafür gibt es eine Ausdifferenzierung in der Praxis des Entschlafenenwesens. Einmal während des Abendmahlteils, wenn der Bezirksapostel zugegen ist, „gedenkt er auch in besonderer Weise der Heimgegangenen, indem er ihnen durch zwei von ihm bestimmte Amtsträger das heilige Mahl vermittelt."[61] Zum anderen „finden auch je nach Anordnung des Stammapostels von Zeit zu Zeit besondere Dienste statt für die Entschlafenen."[62] Ist zuvor davon die Rede, dass in Gebeten der Entschlafenen sachlich und nicht in Schwärmerei ausartend gedacht werden soll[63], so liest sich dies an dieser Stelle in den Richtlinien von 1963 für den „Entschlafenendienst" wie folgt: „Es ist eine heilige Pflicht der leitenden Ämter die Gemeinden im voraus entsprechend zuzubereiten, und zwar nach den Anweisungen, die sie fallweise von ihrem Bezirksapostel erhalten. Mit einem Herzen voller Liebe und Erbarmen treten vor solchen Tagen die Amtsträger und die Kinder Gottes in ständigem Flehen vor den Herrn für die Seelen derer, die in der Ewigkeit gnade- und erlösungsbedürftig sind. Wenn dann schon im voraus alle in einer solch priesterlichen Weise mit der Seele gearbeitet haben, wird in dem Entschlafenendienst der Segen unermesslich sein. Der Entschlafenendienst soll in den Gemeinden möglichst vom Vorsteher oder einem höheren Amtsträger gehalten werden. Der Dienstleitende hat darauf zu achten, dass die Predigt nicht zulange dauert, damit die Seelen der Wartenden rechtzeitig an den Apostelaltar überwiesen werden können. Nachdem die Gemeinde Freisprache und Abendmahl empfangen hat und somit gereinigt und geheiligt vor dem Herrn steht, tritt der Leiter des Dienstes mit allen Versammelten in herzlichem Gebet für die herzugeleiteten Seelen ein, damit diese nun unter himmlischen Geleite zum Gnadenstuhl im Apostelamt geführt werden. Von den Botschaftern des Herrn, nämlich seinen Aposteln, empfangen sie nun in Taufe, Geistestaufe und Abendmahl die herrlichen Gaben des Erlösers. In den Gemeinden aber wird nach der Überweisung der Seelen ein passendes Lied gesungen und danach mit Schlussgebet und Segen dieser besondere Dienst abgeschlossen."[64] Hier wird die Besonderheit im Umgang mit Verstorbenen in der Neuapostolischen Kirche zu diesem

---

[61] Zitiert aus: ebd., S. 27.
[62] Zitiert aus: ebd., S. 29.
[63] Vgl. ebd., S. 25.

Zeitpunkt sichtbar.

Nun noch ein Blick in den Gottesdienst und den darin enthaltenen Abendmahlteil in der
Ausgabe der Richtlinien für Amtsträger aus dem Jahre 1993. Zusammen mit dem
Herausgeber Neuapostolische Kirche International mit Sitz in Zürich hat sich auch das
Erscheinungsbild der Richtlinien für Amtsträger verändert. Es ist übersichtlicher und
kompakter gegliedert und aufgearbeitet. Inhaltlich sind wieder nur in den Details einige
Ausdifferenzierungen des Gottesdienstes erkennbar. Der Gottesdienst eine heilige
Handlung, wo „Gott in seiner Gnade uns bedient."[65]. Es herrschen heilige Stille und
ehrfürchtiges Erwarten. „Die vornehme Festlichkeit jedes Gottesdienstes soll sich auch
im äußeren Erscheinungsbild der Amtsträger und Glaubensgeschwister widerspiegeln.
Die Amtsträger tragen einen schwarzen Anzug, ein weißes Hemd und eine schwarze
Krawatte."[66] Es wird auf eine intensive seelische Vorbereitung hingewiesen, durch stille
innere Sammlung und intensive Verinnerlichung der „Leitgedanken". Auf eigene
schriftliche Ausarbeitungen soll weiterhin verzichtet werden. So soll die zeitgemäße
Erweckung während des Gottesdienstes durch den Heiligen Geist gewährleistet sein.
„Jeder der Gottes Wort verkündigt, muss sich vorher heiligen und dazu seine eigenen
Belastungen im Gebet vor Gott bringen; nur dann wird er dem Herrn ein brauchbares
Werkzeug sein können."[67] Interessant sind die Ausführungen, für den Fall, dass ein
Diakon den Gottesdienst hält. Dieser ist wie gehabt ohne Sündenvergebung und Feier
des Heiligen Abendmahls. „Er beginnt weder im dreieinigen Namen Gottes noch erteilt
er den Schlusssegen."[68] Die Predigt bleibt weiterhin Schwerpunkt des Gottesdienstes.
Um wichtige Zitate, Texte oder Ausdrücke richtig wiedergeben zu können, darf ein
kleiner Zettel als Gedankenstütze auf den Altar gelegt werden.[69] „Das Ziel göttlicher
Predigt ist, in den Herzen nur den Glauben zu schaffen und zu erhalten, den der Herr bei
seiner Wiederkunft erwartet."[70] Dieser Aspekt ist neu und wurde so bisher nicht
erwähnt. Praktische Hinweise sind übersichtlich dargestellt. Auch fehlt der Hinweis auf

---

[64] Zitiert aus: ebd., S. 29f.
[65] Zitiert aus: Neuapostolische Kirche International, Zürich (Hsg.): Richtlinien für die Amtsträger der
    Neuapostolischen Kirche. Verlag Friedrich Bischoff GmbH. Frankfurt am Main. Ausgabe 1993. S.35.
[66] Zitiert aus: Richtlinien. 1993. S.35.
[67] Zitiert aus: ebd., S.36.
[68] Zitiert aus: ebd., S.38.
[69] Vgl. ebd., S.43.

politische Enthaltsamkeit nicht. Die Zeitdauer der Gottesdienste hat sich verkürzt. So ist der Gottesdienst am Sonntag Vormittag einschließlich Heiliges Abendmahl auf 75 Minuten begrenzt, am Nachmittag auf 50 Minuten. Der Gottesdienst in der Woche ohne Heiliges Abendmahl dauert ebenfalls maximal 50 Minuten. „Die Predigt soll kurz aber inhaltsreich sein."[71] Mehrere Amtsträger sollen mitdienen, jeder jedoch nur ca. 5 Minuten.[72] Durch die allgemeine Verkürzung des Gottesdienstes besteht die Gefahr, dass auch die Feier des Heiligen Abendmahls zu kurz kommt. Deshalb wird der Vorbereitung mehr Gewicht eingeräumt. „Von großer Wichtigkeit ist, dass der Dienstleiter die Gemeinde auf den würdigen Genuss des Heiligen Abendmahls vorbereitet (vgl. 1. Korinther 11,27) und immer wieder auf die Bedeutung dieses Sakramentes hinweist. Auch ist es empfehlenswert, immer wieder auf die einzelnen Aussagen des „Unser Vater" hinzuweisen. Ferner soll den Gottesdienstteilnehmern immer wieder der Unterschied zwischen der Sündenvergebung und der Feier des Heiligen Abendmahles aufgezeigt werden."[73] Nach der Predigt und dem gemeinsamen Gebet des „Unser Vater" verkündigt der Dienstleiter die Sündenvergebung mit den Worten: „Im Auftrag meines Senders und Apostels verkündige ich euch die frohe Botschaft: In dem Namen unseres Herrn Jesus Christus, dem Sohn des lebendigen Gottes, sind euch die Sünden vergeben, und der Friede des Auferstandenen sei mit euch. Amen."[74] Diesmal eine feste Formulierung. Ebenso die Aussonderung der Hostien: „Nun sondere ich aus Brot und Wein zum Heiligen Abendmahl und lege auf das Dargebrachte das einmal gebrachte und ewig gültige Opfer Jesu Christi mit den Worten: Das ist mein Leib, für euch gebrochen und in den Tod gegeben, mein Blut, für euch vergossen zur Vergebung der Sünden. Sooft ihr davon genießt, tut es zu meinem Gedächtnis. Amen."[75] Auf das Bild der Priesterschaft als ein sichtbarer Altar auf dem die Versöhnungstat Christi liegt wird verzichtet. So muss der Altar nicht besetzt bleiben, wenn nur ein Priester anwesend ist, um die Hostien zu reichen. Dafür findet sich folgendes: „Sind in einem Gottesdienst den der Stammapostel oder Bezirksapostel hält mehrere Apostel anwesend, setzt sich die Gemeinde erst, wenn diese das Heilige

---

[70] Zitiert aus: ebd., S.43.
[71] Zitiert aus: ebd., S.44.
[72] Vgl. ebd., S.51f.
[73] Zitiert aus: ebd., S.46.
[74] Zitiert aus: ebd., S.47.

Abendmahl empfangen haben."[76] Die Formulierung während der Empfangnahme der Hostie bleibt unverändert erhalten: „Der Leib und das Blut Jesu für dich gegeben." Was mit „Amen." bestätigt wird. Der Gang zum und vom Altar soll schweigend mit gefalteten Händen erfolgen und am Platz ein stilles Gebet folgen. Eingeladen sind alle Mitglieder, Getaufte und Aufgenommene, an christlichen Feiertagen auch Gäste.[77] Schlussgebet und Schlusssegen sind unverändert. So auch die Feier des Heiligen Abendmahls für Entschlafene, wenn der Bezirksapostel den Gottesdienst am Sonntag Vormittag hält. Wichtig auch der Hinweis: „Spricht ein Apostel die Sündenvergebung aus, so entfällt die Wendung: ‚Im Auftrage meines Senders und Apostels.'"[78] Auch in dieser Ausgabe der Leitgedanken für Amtsträger wird das Entschlafenenwesen der Neuapostolischen Kirche weiter entfaltet. So ist neben den bereits 1963 gemachten Aussagen, von der Schlüsselgewalt und der stellvertretenden Sakramentsspendung die Rede: „Der Herr Jesus übergab dem Apostel Petrus die Schlüssel des Himmelreichs. Von dieser Schlüsselgewalt macht der Stammapostel jeweils Gebrauch, damit die Seelen zum Gnadenaltar im Stammapostel- und Apostelamt geleitet werden können, wo sie entsprechend ihrem seelischen Zustand die Segnungen des Hauses Gottes in der Heiligen Wassertaufe, der Heiligen Versiegelung und dem Heiligen Abendmahl empfangen."[79] Diese Sakramente werden zwei dazu bestimmten Amtsträgern stellvertretend für die bereiteten Seelen aus dem Jenseits gespendet.[80]

Soweit zu den Entwicklungen des Gottesdienstes und dem darin enthaltenen Abendmahlteil anhand der drei Quellen aus den Jahren 1933, 1963 und 1993.

Welche Entwicklungen können anhand dieser Quellen und anhand der aktuellen Liturgie für den Gottesdienst insgesamt und für den Abendmahlteil im Besonderen festgehalten werden ?
Für den Gottesdienst in der Gesamtheit ist besonders mit der letzten Reform erkennbar, dass dieser nicht nur eine heilige Handlung darstellt, in der Gott den Menschen bedient,

---

[75] Zitiert aus: ebd., S.48.
[76] Zitiert aus: ebd., S.48.
[77] Vgl. ebd., S.48f.
[78] Zitiert aus: ebd., S.50.
[79] Zitiert aus: ebd., S.53.

sich ihm in seiner Güte und Barmherzigkeit gnädig zuwendet, sondern indem auch der Mensch Raum hat, sich Gott zuzuwenden mit seiner ganzen Sündhaftigkeit und seinem Verlangen nach Vergebung und Heil. Zu dem herabneigenden Handeln Gottes (Katabasis) tritt das aufsteigende Handeln des Menschen (Anabasis). Es findet ein Dialog statt.

Für den Abendmahlteil im Besonderen kann festgehalten werden, dass sich feste liturgische Formeln, wie die Aussonderungsformel etabliert haben, da wo zuvor dem Sinn nach Worte verwendet werden konnten.

Bezieht man den lehrmäßigen Gehalt mit ein, erkennt man liturgisch, wie die Priesterschaft am Altar an Gewicht verliert, zugunsten des Apostels.

Durch die Herausbildung einer besonderen liturgischen Gestalt für das Gedenken an Verstorbene im Abendmahlteil bis hin zur stellvertretenden Sakramentsspendung in besonderen Gottesdiensten für Entschlafene wird dies noch verstärkt.

Durchweg wird besonderer Wert auf den Abendmahlteil gelegt, als Höhepunkt des Gottesdienstes. Es wird darauf geachtet, dass aufgrund der Regelmäßigkeit der Feier des Heiligen Abendmahls diese nicht zur Gewohnheit wird und damit der Oberflächlichkeit verfällt.

2.3 Kommunikation der Erweiterungen

Nach der genauen und ausführlichen Betrachtung der Liturgie und ihrer Entwicklung anhand ausgewählter Literatur und vorhandener Quellen, soll an dieser Stelle darauf eingegangen werden, wie die aktuelle Reform kommuniziert worden ist. Dabei wird auch das Abendmahlsverständnis der Neuapostolischen Kirche kurz erwähnt werden, da dies Teil aktueller Veröffentlichungen ist.

Anhand eines Artikels, welchen NAK International unter Offizielle Verlautbarungen am 21.06.2010 im Internet veröffentlicht hat, kann die Kommunikation der erweiterten Liturgie verdeutlicht werden.[81] Hier heißt es, dass mit Beginn des neuen Kirchenjahres in der Neuapostolischen Kirche weltweit eine erweiterte Liturgie eingeführt wird. Dies

---

[80] Vgl. ebd., S. 53.
[81] Vgl. Webseite von NAK International: http://www.nak.org/de/news/offizielle-verlautbarungen/article/16833/ (gelesen am 08.09. 2011, 13.20 Uhr).

hat Stammapostel Wilhelm Leber in einem Schreiben an alle kirchlichen Amtsträger mitgeteilt. Damit weist er cirka ein halbes Jahr vorher auf diese Änderung hin. Weiterhin benennt er den Entstehungsprozess dieser Erweiterungen. Es gab Überlegungen im Kreis der Bezirksapostel, den Gottesdienst noch feierlicher zu gestalten. „Schließlich habe die Herbstversammlung der Bezirksapostel im vergangenen Jahr beschlossen, eine Erweiterung der bisherigen Liturgie einzuführen."[82] Dann gibt es neben der Benennung der Überlegungen und der wesentlichen Änderungen Hinweise zur weiteren kommunikativen Verfahrensweise. So soll in den Gemeinden ein entsprechender Brief des Stammapostels verlesen werden, um auch alle Mitglieder weltweit über dieses Vorhaben zu unterrichten. Außerdem werden Schulungsseminare für Amtsträger angeboten. Mit einer weiteren Veröffentlichung im Internet am 08.11.2010 wird diese Reform dann konkret benannt und dargestellt.[83] Den Amtsträgern wird weiterhin eine schriftliche Ausarbeitung an die Hand gegeben.[84] Für die Mitglieder gibt es weiterführende Erklärungen in der kircheneigenen Zeitschrift „Unsere Familie".[85] Darüber hinaus sind die Veröffentlichungen im Internet und in der Zeitschrift allen Interessierten zugänglich. Interne Informationen für Amtsträger sind diesen über Intranet und die schriftlich publizierten Amtsblätter möglich. Dazu gehören die monatlichen „Leitgedanken zum Gottesdienst"[86] und für besondere Mitteilungen von Änderungen und Erweiterungen die „Sondernummer der Leitgedanken"[87]

An dieser Stelle ein paar wenige Ausführungen zum Abendmahlsverständnis der Neuapostolischen Kirche, welches Gegenstand der aktuellen Sondernummer vom

---

[82] Zitiert aus: Webseite von NAK International: http://www.nak.org/de/news/offizielle-verlautbarungen/article/16833/ (gelesen am 08.09. 2011, 13.20 Uhr).

[83] Vgl. Webseite von NAK International: http://www.nak.org/de/news/nak-international/article/16979/ (gelesen am 29.08. 2011, 11.25 Uhr).

[84] Vgl. Neuapostolische Kirche International, Wilhelm Leber, Zürich/Schweiz (Hsg.):Liturgie der Gottesdienste der Neuapostolischen Kirche. Verlag Friedrich Bischoff GmbH. 1.Auflage 2010.

[85] Vgl. Verlag Friedrich Bischoff GmbH (Hsg. i.A.d. Neuapostolischen Kirche International, Zürich): Unsere Familie Die Zeitschrift der Neuapostolischen Kirche Nr. 21 / 5.November 2010 / D 20020 D, S. 34-37.

[86] Vgl. Neuapostolische Kirche International, Wilhelm Leber, Zürich/Schweiz (Hsg.): Leitgedanken zum Gottesdienst. Monatsschrift für Amtsträger. Verlag Friedrich Bischoff GmbH. Frankfurt am Main. Ausgabe September 2011.

[87] Vgl. Neuapostolische Kirche International, Wilhelm Leber, Zürich/Schweiz (Hsg.): Sonderausgabe 3. Leitgedanken zum Gottesdienst. Mitteilungen für Amtsträger der Neuapostolischen Kirche August 2011. Verlag Friedrich Bischoff GmbH. Frankfurt am Main.

August 2011[88] und einer Offiziellen Verlautbarung von NAK International vom 15.07.2011[89] im Internet ist. In letzterer ist zu lesen, dass der Kommunikationsweg analog dem der Vermittlung der erweiterten Liturgie verlaufen soll. Außerdem wird auf ausführliche Informationen im neuen Katechismus hingewiesen, der 2012 erscheinen wird. Zum Abendmahlsverständnis ist zu lesen: „Das Abendmahlsverständnis aus Sicht der Neuapostolischen Kirche besagt, dass im Heiligen Abendmahl Leib und Blut Christi wirklich anwesend sind. Bei der Aussonderung durch das dazu bevollmächtigte Amt treten zu Brot und Wein Leib und Blut Christi hinzu (Konsubstantiation)."[90]

3 Zusammenfassung

An dieser Stelle soll eine Zusammenfassung der gewonnenen Erkenntnisse versucht werden. Der Wunsch nach mehr Heiligkeit im Gottesdienst war schon immer gegeben. In jeder liturgischen Gestalt des Gottesdienstes in der Neuapostolischen Kirche ist die Gegenwart Gottes und sein herabneigendes Handeln am Menschen betont worden. Das hinaufsteigende Handeln des Menschen gerät nun durch die Erweiterungen mehr in den Blick, besonders durch das neu eingeführte Bußlied. Damit wird mehr Heiligkeit erlangt durch die Öffnung des menschlichen Blicks auf seine eigene Sündhaftigkeit, seine Bußbereitschaft und sein Verlangen nach Vergebung und Heil gegenüber der Allmacht des gütigen und menschenliebenden Gottes, der dies allein bewirken kann.
Mehr Heiligkeit wird weiter erlangt durch bewusst wahrnehmbare, sichtbare Momente des wechselseitigen Geschehens zwischen Gott und Mensch in der Stille und Ehrfurcht am Altar, um besonders hier die Gegenwart Jesu Christi spürbar und erlebbar genießen zu können. So wird Gottesdienst zum Erlebnis gemeinschaftlichen Handelns zwischen Gott und Mensch und die erweiterte Liturgie ihrem Wunsch gerecht.

---

[88] Vgl. Sonderausgabe 3. ebd.
[89] Vgl. Webseite von NAK International: http://www.nak.org/de/news/offizielle-verlautbarungen/article/17332/ (gelesen am 08.09. 2011, 14.50 Uhr).

4 Literaturverzeichnis

Verlag Friedrich Bischoff GmbH (Hsg. i.A.d. Neuapostolischen Kirche International, Zürich): Unsere Familie Die Zeitschrift der Neuapostolischen Kirche Nr. 21 / 5.November 2010 / D 20020 D.

Neuapostolische Kirche International, Wilhelm Leber, Zürich/Schweiz (Hsg.): Leitgedanken zum Gottesdienst. Monatsschrift für Amtsträger. Verlag Friedrich Bischoff GmbH. Frankfurt am Main. Ausgabe September 2011.

Neuapostolische Kirche International, Wilhelm Leber, Zürich/Schweiz (Hsg.):Liturgie der Gottesdienste der Neuapostolischen Kirche. Verlag Friedrich Bischoff GmbH. 1.Auflage 2010.

Apostelkollegium der Neuapostolischen Kirche (Hsg.): Richtlinien über die Amtshandlungen der Amtsträger der Neuapostolischen Kirche. 1933. Verlag und Druck: Friedrich Bischoff. Frankfurt am Main.

Apostelkollegium der Neuapostolischen Kirche (Hsg.): Richtlinien für die Amtsträger der Neuapostolischen Kirche. Ausgabe 1963. Verlag und Druck: Friedrich Bischoff. Frankfurt am Main.

Neuapostolische Kirche International, Zürich (Hsg.): Richtlinien für die Amtsträger der Neuapostolischen Kirche. Verlag Friedrich Bischoff GmbH. Frankfurt am Main. Ausgabe 1993.

Neuapostolische Kirche International, Wilhelm Leber, Zürich/Schweiz (Hsg.): Sonderausgabe 3. Leitgedanken zum Gottesdienst. Mitteilungen für Amtsträger der Neuapostolischen Kirche August 2011. Verlag Friedrich Bischoff GmbH. Frankfurt am Main.

Webseite von NAK International: http://www.nak.org/de/news/nak-international/article/16979/ (gelesen am 29.08. 2011, 11.25 Uhr).

Webseite von NAK International: http://www.nak.org/de/news/offizielle-verlautbarungen/article/16833/ (gelesen am 08.09. 2011, 13.20 Uhr).

Webseite von NAK International: http://www.nak.org/de/news/offizielle-verlautbarungen/article/17332/ (gelesen am 08.09. 2011, 14.50 Uhr).

---

[90] Zitiert aus: Realpräsenz und Konsubstantiation ebd.

5 Eigenständigkeitserklärung

Ich versichere hiermit, dass ich die hier vorliegende Hausarbeit selbständig verfasst und
keine anderen als die hier angegebenen Hilfsmittel benutzt habe. Die Stellen, die
anderen Quellen (Literatur) dem Wortlaut oder dem Sinn nach entnommen wurden,
habe ich durch die Angabe der Quelle, auch der benutzten Sekundärliteratur, kenntlich
gemacht.

Jörg Anschütz

Halle, den 30.09.2011

Herstellung und Verlag:
BoD-Books on Demand, Norderstedt
ISBN: 978-3-8482-5881-9